全母兒

유니게 학교

Eunice School 2학기

목차

유니게 출석표

1과

우리 가정은 하나님을 예배해요

뚝딱뚝딱! 하나님 말씀대로 노아 할아버지는 가족과 함께 커다란 배를 만들었어요.
우르르 쾅쾅! 많은 비가 내리고 온 세상이 물에 잠겼어요.
하지만 노아 할아버지와 가족들은 안전했어요.
하나님이 커다란 배에 탄 노아 할아버지와 가족들, 동물들을 지켜주셨어요.

드디어 비가 그쳤어요.
노아 할아버지와 가족들, 동물들 모두 배에서 내렸어요.
“하나님, 우리를 지켜주셔서 감사해요!”
노아 할아버지와 가족들은 하나님께 예배드렸어요.

2과

하나님 안에서 믿음으로 자라가요

애굽의 바로 왕이 무서운 명령을 내렸어요.
“이스라엘에 남자아이가 태어나면 모두 죽이거라!”
얼마 후 엄마 요게벳이 남자아이를 낳았어요.
요게벳은 잘생기고 건강한 남자아이를 아무도 모르게 숨겨서 키웠어요.

아이가 점점 자라자 더 이상 숨길 수가 없었어요.
"하나님, 이 아이를 하나님께 맡겨요! 이 아이와 함께해주세요!"
요게벳은 하나님께 기도하며 갈대 상자를 준비했어요.

나일 강 가에서 애굽의 공주가 아이가 담긴 갈대 상자를 발견했어요.
"가엾은 이스라엘의 아이구나. 이름을 모세라고 짓고 내가 키워야겠다."
하나님이 모세와 함께하시며, 모세를 지켜주셨어요.

하나님이 함께해주세요

"하나님, 언제나 우리 자녀와 함께해주세요. 믿음 안에서 자라도록 지켜주세요."

아빠와 엄마가 나를 위해 기도해요.

우리 가족은 하나님 안에서 믿음으로 자라가요.

3과

부모는 균형 잡힌 사랑으로 양육해요

엘리 제사장의 아들, 홉니와 비느하스가 말해요.
"흠~ 아주 맛있겠군!" "이걸 내가 가져가야겠어!"
그런데 아빠인 엘리 제사장은 아들들에게 아무런 말도 하지 않아요.
하나님이 기뻐하시지 않는 일이에요.

쫑긋쫑긋~ 우리는 엄마 아빠를 통해 하나님의 말씀을 들어요.
네! 네! 우리는 언제나 하나님의 말씀에 귀 기울여요.
우리는 하나님의 말씀을 잘 듣고 순종하는 하나님의 자녀예요.

4과

예수님은 나의 이야기를 들어주세요

이른 새벽, 예수님이 바닷가로 제자들을 찾아오셨어요.
“나의 사랑하는 제자들아, 힘들었지? 아침 식사를 하렴.”
제자들은 예수님과 다시 만나서 정말 기뻤어요.

아침 식사 후에 예수님은 베드로에게 물으셨어요.
"네가 나를 사랑하느냐?"
"네, 예수님! 제가 주님을 사랑해요."
예수님이 들어주시니 베드로의 마음에 용기가 생겼어요.

5과

예수님은 내 마음을 알아주세요

사마리아 땅 수가라는 동네에 한 아주머니가 살고 있었어요.
아무도 이 아주머니와 이야기를 나누지 않고, 손가락질만 해요.
아주머니는 외롭고 슬펐어요.

쨍쨍~ 뜨거운 햇빛이 쏟아지는 한낮에 아주머니는 물을 뜨기 위해 우물로 갔어요.

"아이, 깜짝이야!"

아무도 없을 줄 알았던 우물 곁에 예수님이 계신 것을 보고 아주머니는 깜짝 놀랐어요.

예수님은 귀를 쫑긋 세우고 아주머니의 이야기를 들어주셨어요.
예수님은 아주머니의 외롭고 슬픈 마음을 알아주셨어요.
예수님을 만난 아주머니의 마음에 기쁨이 퐁퐁~ 생겨났어요.

“여러분, 예수님이 우리 마을에 오셨어요. 그분은 그리스도세요!”
아주머니는 동네 사람들에게 예수님을 당당하게 전했어요.

6과

하나님이 우리를 다양하게 만드셨어요

하하호호~ 웃음소리가 가득한 집이에요.
이 집에는 무슨 일이 있길래 웃음소리가 가득할까요?
우리 한번 들어가 볼까요?

어디서 나는 웃음소리일까요?
아까 들렸던 웃음소리를 찾아 귀를 기울여 볼까요?
아하! 주방에서 나는 소리였군요.

주방에는 큰 그릇, 긴 그릇, 신기한 그릇, 작은 그릇 등 다양한 그릇이 있어요.
“나는 많은 것을 담을 수 있어.”
“나는 시원한 물을 나눠줄 수 있지.”
“나는 무엇을 담느냐에 따라 모양이 달라진다고!”
자신을 소중히 여기며 행복해하는 그릇들이에요.

작은 그릇은 자기만 작아 보이는 것 같아 슬펐어요.
하지만 친구들은 작은 그릇이 얼마나 귀하게 쓰이는지 알려주었어요.
작은 그릇의 표정이 금세 환해졌어요.
이제 작은 그릇도 자신을 소중히 여기며 행복해졌어요.

7과

미디어를 바르게 사용해요

꼬미와 친구들이 숲속 놀이터에 모여 있어요.
꼬미는 친구들과 노는 것도, 맛있는 간식을 먹는 것도 잊어버리고
하루 종일 휴대폰만 보고 있어요.

캄캄한 밤이 되었어요.
간지럽히던 나비도 날아가고, 친구들의 웃음소리도 들리지 않아요.
눈은 뱅글뱅글 어지러워요.
꼬미는 어떻게 해야 할까요?

8과

자연을 말씀대로 돌보아요

하나님이 아름다운 세상을 만드시고, 하나님을 닮은 사람을 만드셨어요.
하나님이 사람에게 복을 주시며 말씀하셨어요.
“바다의 물고기와 하늘의 새와 땅에 움직이는 모든 생물을 잘 돌보아주어라. 사랑으로 보살펴주어라.”

사람들이 지구를 돌보라는 하나님의 말씀대로 살지 않았어요.
지구가 점점 병들어가요.
산을 깎고 세운 공장에서 시커먼 연기가 뿜어져 나와요.
사람도, 새들도, 물고기들도 오염된 공기와 물을 마시고 아파해요.

"쓰레기를 분리해서 버리는 건 귀찮아!"
"한 번 쓰고 버리는 물건은 참 편리해."
사람들이 버린 쓰레기가 점점 많아지자 하나님이 만드신 아름다운 세상이 병들어가요.

우리는 초록지킴이

하나님이 우리에게 다시 말씀하세요.

“바다의 물고기와 하늘의 새와 땅에 움직이는 모든 생물을 잘 돌보아주어라. 사랑으로 보살펴주어라.”

하나님이 만드신 세상을 아름답게 가꾸고 돌보아야 해요.

우리는 하나님의 말씀대로 이 세상을 돌보는 ‘초록지킴이’예요.

기도카드 만들기

1과 돌림판 만들기

하나님을 예배하는 노아의 가정!
( )(이)의 가정도
하나님을 예배해요!
손동작과 함께 3번 외치기
“아멘아멘! 기도해요”
손동작과 함께 3번 외치기
“하나님을~ 찬양해요!”
손동작과 함께 3번 외치기
“쫑긋쫑긋~ 말씀을 들어요!”

3과 순종 깃발 놀이

순종

풀칠

순종

풀칠

순종

풀칠

순종

풀칠

4과 종이컵 전화기 놀이

사랑해

고마워

미안해

사랑해

고마워

미안해

7과 보드 게임 놀이

출발
엄마 아빠 안아주기
5초 동안 눈 감고 있기
ALL
유니게 송 부르기
좋아하는 캐릭터 2가지 말하기
'사랑해~' 말하기
뒤로 1칸
의자에 바른 자세로 앉기
스마트폰 들고 있다가 엄마 아빠가 달라고 하면 주기
뒤로 3칸
손뼉 3번 치기
엄마 아빠와 하고 싶은 놀이 3가지 말하기
(미디어 시청 대신 할 수 있는 다른 활동 제시)
로마서 12장 2절 읽기
도착

7과 보드 게임 놀이

너희는 이 세대를 본받지 말고 오직 마음을 새롭게 함으로
변화를 받아 하나님의 선하시고 기뻐하시고 온전하신 뜻이
무엇인지 분별하도록 하라
로마서 12장 2절

미디어를 본 후
엄마 아빠와
이야기를 나누어요.

내 나이에 맞는
미디어를 보아요.

바른 자세로
미디어를 보아요.

약속한 시간을
지켜요.

2과

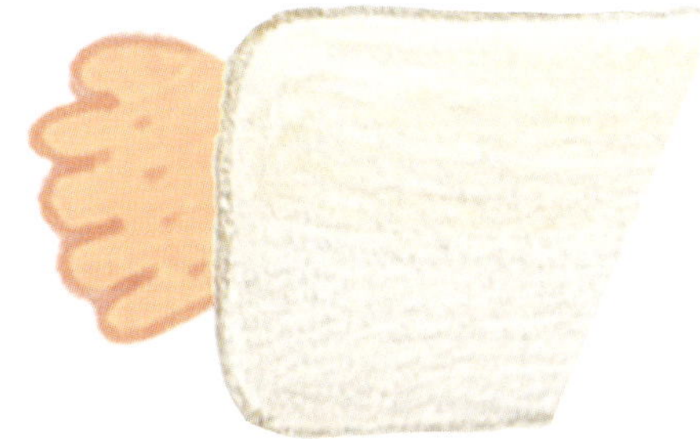

5과

6과

7과

8과

출석스티커